が教える
「煮る」「蒸す」の コツ

質も下げられません。早く仕上げるためにはどんな準

の温度や炒める順番、さらには具材の切り方などで、

で実践している、料理をおいしくするためのコツをた

はじめに

子供の頃父親から聞いた言葉を、ふと思い出した。
「店のレシピは大切な宝物。人に教えちゃいけないんだよ」
確かに僕らのような実店舗を営んでいる飲食店では、中華に限らず、秘伝の
タレのレシピやこだわりソースの作り方など、企業秘密とするのが一般的な考
え方なのかもしれません。ここ！というポイントを教えてしまっては、手品の種
明かしをしているようで、そのマジックにかかってもらえなくなってしまいます。

本当はこの大切な宝物を手放したくはない。

それでも今回このようなレシピ本を出版させてもらった理由は、担当編集者の
「本当に美味しい炒めものを家で、そして自分の力で作ってみたい」という熱
い想いに胸を打たれたのと、「中華は家で作れない料理」というイメージを払
拭したかったから。自分の家でだって、フライパンひとつだって、火力が弱くたっ
て、大きいまな板がなくたって、美味しい炒めものは作れるんです。
調理法のちょっとした工夫やコツなどお店で培った大切な宝物をこの本にたく
さん詰め込んでみました。もちろんこの本に書かれていることが全てではあり
ません。
でも、この本のレシピや調理法で作られた料理を、心の底から美味しいと思っ
てくれる人がいるかもしれない。何度となく作るうちに独自のアイデアが生まれ
て、自分なりのレシピやコツを思いつくかもしれない。ボロボロになるまで使
い込んで、見なくても料理が作れるようになり「この本はもう卒業だな」と思っ
てくれるかもしれない。
もしも、そうなってくれたなら、僕は息子にこう言ってあげたい。
「店のレシピは大切な宝物、でもたくさんの人に教えてあげよう」
それこそが本当に美味しい料理の極意なのかもしれません。

中華一筋（チーフ／鈴木邦彦）

Chapter1

炒める
banchao

野菜

魚介

卵

肉

Chapter2

揚げる
zha

Chapter3

蒸す
zheng

煮る
zhu

Chapter4

tian de dongxi

甘いもの
ご飯・麺

fan
mian

STAFF

編集・構成●丸山亮平(百日)　　撮影●北村勇祐　　　　　　校正●麦秋アートセンター
装丁デザイン●krran　　　　　スタイリング●片山愛沙子　　DTP●Office SASAI
本文デザイン●おかっぱ製作所　　編集協力●飯沼紗雪

◉大さじ1は15ml、小さじ1は5mlです。

◉フライパンの大きさや材質によって熱の伝わり方や水分の蒸発の仕方などに差が出ます。ふたはフライパンのサイズにぴったり合い、できるだけ密閉できるものを使用してください。

◉火加減の目安は、強火が「鍋底に火が勢いよく当たる程度」、中火が「鍋底に火がちょうど届く程度」、弱火が「鍋底に火がギリギリ当たらない程度」です。

◉レシピに出てくる電子レンジは、500Wのものを使用しています。メーカーによって差があるので、様子を見ながら加熱してください。

◉レシピに出てくる「○分煮る」とは、特別に記載がない限り、はじめの材料を入れてからの時間が目安です。

◉レシピに出てくる水溶き片栗粉の比率は、全て水2：片栗粉1の分量です。レシピに加える分量は、鍋中の食材の加減を見ながら調整してください。

◉フライパンで何かを炒めるとき、特筆がないものは、全て強火です。

◉フライパンに油を入れるとき、特筆がないものは、大さじ1、多めの油のときは、大さじ3を目安にしてください。

◉本書で使用する卵は全てMサイズです。

中華一筋が教える料理のコツ

その1
炒めものの
コツ

一 「調味料は事前に合わせる」

合わせ調味料はできる限り合わせておいて、さらに鍋のすぐ側に用意しておくことが大切です。動作を最小限に留めることにより、あわてずに炒める作業に集中できます。

二 「食材の形、大きさをそろえる」

食材の炒め時間が同じで、均一に火が通り、歯ざわりのよい美味しい食感にする必要があります。そのために、形や大きさは、できる限りそろえた方がよいでしょう。切るときは、肉や野菜の「目（向き）」を考えながら切ることも大切です。

三 「鍋を十分に熱する」

油の温度は高すぎると材料が焦げ付き、低すぎると具材から水分が出てしまい、炒める効果が落ちます。フッ素樹脂加工のフライパンであれば、あらかじめ、フライパンに油をなじませる必要はありませんが、鍋はある程度熱しておきましょう。そうすることで鍋肌に食材がつきにくく、野菜などから水分が出にくくなり、油っぽさも軽減できます。

10

「強火で短時間」 Tips 六

炒めものは、強火で短時間が合言葉。材料の持ち味を損なわずに、風味を引き出し、油で炒めることによって栄養価を増し、仕上がりの色もきれいなのが「炒め」です。鉄鍋などを使う場合、焦げないように油を追加しますが、フッ素樹脂加工のフライパンは焦げ付くことがほとんどありません。レシピの油の量が気になる方は、ご自身で調整してみてください。

「炒める順番を考える」 Tips 四

炒めものは、主材料を炒める前に、にんにくや生姜などの薬味を炒めることが多いのも特徴的です。これらを始めに炒めることにより、香りが出て仕上がりがとても香ばしくなります。さらに、食材はかたく火が通りにくいもの、味が染みにくいものから炒めることが大切です。

「水溶き片栗粉で余分な水分を止める」 Tips 五

水溶き片栗粉は、とろみをつける役割でよく使用されますが、本書では、余分な水分を止めるために頻繁に使用しています。とろみづけの必要ないレシピのとき、水溶き片栗粉を最後に少量加えると、具材にソースがよく絡みます。加えるときは、鍋に直接触れないよう、具材の上に加えます。鍋に触れるとすぐに固まってしまいます。

「塩は最後に」 Tips 七

塩は最後に加えます。下味や合わせ調味料などの場合を除き、塩を追加する場合は、最後に、というのを意識しましょう。途中で材料に塩を加えると、水分が出てしまい、炒める効果が落ちてしまいます。

「小分けに揚げる」

一度にたくさんの食材を揚げようとすると、せっかく温めた油の温度が下がってしまいます。冷めた油で長く揚げると、揚げ物がパサついたり、食材に油が入りすぎてしまい、ベチャッとした仕上がりに。油の様子を見ながら、小分けにして油に入れて、揚げる量を調整します。火が通りにくい食材は、揚げる時間を長くしたり、油の温度を高くします。また、よりカラッと揚げたいのなら、一度揚げて、しばらく休ませてから高温の油で二度揚げするとよいでしょう。

「気泡を見極める」

熱した油に食材を入れると、ボコボコと大きな気泡が出てきます。この気泡は食材の水分です。水分が飛ぶと同時に食材に火が入っていきます。火が入りすぎると水分が抜けパサつき、その逆では生焼けになります。次第に揚がってくると、気泡が小さくなり、音もパチパチと高音になります。油はどんどん高温になるので、揚げ色を見ながら取り出します。最初のうちは切って揚げ具合を確認しましょう。

その3 煮もののコツ

「食材の旨みを逃さない」

日本料理や西洋料理でも煮物料理は多くありますが、中国料理の煮ものは煮込む前に下茹でをしたり、揚げたり炒めたりすることが多く、この下ごしらえをキチンとする事で食材の表面を固め、旨味の流出を防ぐことができます。

「煮汁をよく見る」

煮汁が煮立つまでは強火、煮たったら弱火にし、灰汁が出たらすくい取ります。そのあとは、中火に戻し短時間煮込むか、弱火のままコトコト長時間煮込むか、レシピにより変わりますが、両方とも食材がしっかり煮汁に浸っていることが重要です。煮汁が少なくなったらその都度、足していきます。

その4 蒸しもののコツ

「蒸し時間を見極める」

レシピには目安として蒸し時間を書いていますが、これは水の量や火加減によって変わってきます。目安の時間の少し前になったら、フタを開け具材をチェックしましょう。早ければ、固いか生焼け、遅ければ水っぽくなります。

「蒸し器を使う」

本書のテーマはフライパンひとつ。ですが、この蒸し料理だけは、フライパンのみではできませんでした。そこで活用したのが、フライパンに置くことができるステンレス製の蒸し器。薬味や葉野菜をのせてから、その上に主材料をのせて蒸します。フタはしっかり密閉できるものを使います。

この本で使う中華の調味料

登場するレシピは、中国料理ということもあり、
少し耳なじみのない、調味料が出てくるかもしれません。
でも心配しないでください。
基本的にはスーパーで手に入るものに限定しました。
もしお近くのスーパーになくても、
ネットスーパーには必ずございますので、
これを機にそろえてみてください。
料理に芳醇な香りとコクを出すことができます。

【 唐辛子 】

中華ではホールのまま使うことが多い唐辛子。最初に油で炒め風味付けなどに使いますが、意外にも辛さはそこまで強くありません。辛さを出したいときは、刻んで使うようにします。

【 八角 】

中国原産の「トウシキミ」という木の果実を乾燥させたもの。かなり強い香りを放つので、入れすぎには注意が必要ですが、アジア料理には欠かせないスパイスのひとつ。

【 花椒 ホア・ジャオ 】

主に四川料理に使われるスパイス。麻辣(マー・ラー)の「麻」は、痺れを意味し、この花椒がその痺れを生みます。日本の山椒と似ていますが、花椒の方が辛みが強いです。

【 豆板醤 トウ・バン・ジャン 】

ソラマメを原料とする中国の塩辛い味噌。これに唐辛子を入れたものを、実際は豆板辣醤(トウバンラージャン)と呼びますが、一般的に流通している豆板醤は、豆板辣醤で、辛いものになります。

甜麺醬 テン・メン・ジャン

甘くて濃厚な味わいが特徴で、中国甘味噌とも呼ばれています。料理に使うと、まろやかなコクと甘みがプラスされ、特に炒めものとの相性抜群です。

豆鼓醬 トウチ・ジャン

黒豆が原材料の豆鼓をペーストし、にんにくや唐辛子などを加えた調味料。日本の八丁味噌に近い味わいで、辛さもなく、さまざまな料理に使えます。

芝麻醬 チー・マー・ジャン

炒りごまをよくすり潰し、植物性の油で溶いて、ペースト状にしたもの。ごまのコクがグンッとプラスされる調味料で、棒々鶏や担々麺などに使用されます。

XO醬 エックス・オー・ジャン

高級調味料のひとつ。干し海老、干し貝柱、金華ハム、ニンニク、唐辛子などを合わせ、ペースト状にした調味料です。これ以上ないほどの旨みが詰まっているので、これだけで味が決まります。

Chapter1

炒 める

fānchǎo

炒めものを上手に仕上げるには、フライパンで炒める前の準備が大切。火はどんどん食材に入っていくので、「強火で短時間」を意識します。この章では代表的な炒めものを、「野菜」「魚介」「卵」「肉」の4つの主材料に分けて紹介します。

麻婆ナス

味噌のコクがウマイ

ナスは乱切りにすることで、いろんな面から油や調味料を吸って、とても
おいしい麻婆ナスに仕上がります。先に揚げ焼きにして、ナスには火を
通すので、仕上げの炒めは強火でサッと行いましょう。

材料（2人分）

ナス——4本
長ねぎ——½本
豚ひき肉——100g
一味唐辛子——小さじ½
豆板醤——小さじ1
ごま油——大さじ1
酢——小さじ2
サラダ油、ラー油——各適量

Ⓐ にんにく（すりおろし）
　　——小さじ1
赤味噌——小さじ1
砂糖——小さじ2
醤油——小さじ1
料理酒——小さじ1と½
生姜（すりおろし）——小さじ2

作り方

① ナスは乱切り、長ねぎはみじ
ん切りにする。

② ボウルにⒶを入れ、合わせ
ておく。

③ フライパンに多めのサラダ
油を入れ、強火で熱し、ナス
を入れ、揚げ焼きにし、取り
置く。

④ フライパンにごま油を入れ、
強火で熱し、ひき肉を入れ、
油が透明になるまで炒めた
ら、豆板醤を加え炒める。

⑤ 一味唐辛子を加え混ぜ、さ
らに炒める。

⑥ 2を加え、沸いたら、1の長
ねぎと3のナスを加え、炒め
合わせる。

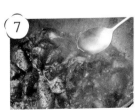

⑦ ナスに2が絡んだら、酢を回
しかけ、サッと炒める。器に
盛り、お好みでラー油をかけ
る。

Point

ナスのきれいな紫色の
皮を引き出すには、皮
面を下にして一気に揚
げ焼きすることが大切。

旨みが詰まったきのこのXO醤炒め
エックスオージャン

XO醤といえば、干し海老や干し貝柱、金華ハムなど、旨みの塊といっても過言ではない食材が使われた夢の調味料。お好きなきのこをチョイスし、油を多めに使って、強火で手早く仕上げましょう。

材料（2人分）

しめじ——½パック（50g）
エリンギ（一口大に切る）
　　——½パック（50g）
マッシュルーム——6個
舞茸——½パック（50g）
Ⓐ┌料理酒——小さじ2
　├水——大さじ1と½
　├塩——小さじ⅓
　└砂糖——小さじ⅓
XO醤——大さじ1
水溶き片栗粉（水2：粉1）
　　——小さじ⅓
サラダ油——適量

作り方

① しめじと無茸は石づきを取り、手で裂く。

② フライパンにサラダ油を多めに入れ、強火で熱し、全ての食材を入れ炒め、8割程度火が通ったら取り置く。

③ フライパンにサラダ油を入れ、中火で熱し、XO醤を入れ、香りが出たら、Ⓐを加えて混ぜる。

④ 2を戻し入れ、水溶き片栗粉を加える。

Point

キノコは切り方によって食感が大きく変わります。

②

③

シャキシャキじゃがいも炒め

じゃがいものオノマトペといえば「ホクホク」ですが、ここでは「シャキシャキ」。マッチ棒状に切りそろえた、じゃがいもを水にさらして、一度サッと下茹でることがポイント。セロリと長ねぎが爽やかな味わいに。

材料（2人分）

じゃがいも（千切り・水にさらす）
　——2個
セロリ（千切り）——½本
長ねぎ（青い部分・小口切り）
　——⅓本
酢——少々
サラダ油——適量
Ⓐ 塩——小さじ⅔
　 うま味調味料——小さじ⅓
　 こしょう——小さじ⅓

作り方

① フライパンに具材が浸かるほどの湯を沸かし、酢を入れ、じゃがいもとセロリを加え、5秒ほどくぐらせる。

② 1をザルにあげ、水けを切っておく。

③ フライパンにサラダ油を入れ、強火で熱し、長ねぎを入れ、軽く炒める。

④ 2とⒶを加え、サッと炒める。

Point

酢を入れることで、じゃがいもの変色を抑え、きれいに仕上げることができます。

①

材料（2人分）

Ⓐ
- 豚こま切れ肉——40g
- むき海老——4尾
- イカ——4切
- うずらの卵（水煮）——2個
- マッシュルーム——4個
- 絹さや——6枚
- チンゲン菜——4枚
- にんじん（3cm角の薄切り）——4枚
- たけのこ（一口大の短冊切り）——4枚
- 白菜（芯）（一口大の短冊切り）——6枚

- 長ねぎ（1cm長さの薄切り）——適量
- 生姜（1cm長さの薄切り）——適量
- アンチョビ（包丁でたたく）——小さじ2
- 甘酒（あればで可）——大さじ1と½
- 水溶き片栗粉（水2：粉1）——小さじ⅓
- サラダ油——適量

Ⓑ
- 料理酒——大さじ1
- 水——大さじ3
- 鶏ガラスープの素——小さじ1
- 醤油——小さじ½
- 塩——小さじ⅓

作り方

① ボウルにⒷを入れ、合わせておく。

② フライパンに具材が浸かるほどの湯を沸かし、Ⓐを入れ、20〜30秒ほど茹で、ザルにあげ、水けをよく切る。

③ フライパンにサラダ油を入れ、強火で熱し、長ねぎと生姜、甘酒、アンチョビを入れ、軽く炒める。

④ 3に2と1を入れ混ぜる。

⑤ 水溶き片栗粉を入れ、余分な水分を止める。

Point
💡 高温でサッと炒めることにより、野菜がシャキッと仕上がります。

「たくさんの宝を集めたようなおかず」という意味の八宝菜。
それぞれのお店で食材や味の異なる八宝菜が存在します。

僕らの八宝菜

ナスのねぎ生姜油

> ナスを簡単に美味しく調理したいのなら是非このひと品。格子状に切り目を入れることにより味がよく染み込みます。

材料（2人分）

ナス——2本
長ねぎ（白い部分・千切り）——⅓本
生姜（千切り）——½片
サラダ油——大さじ3
ごま油——大さじ1
Ⓐ ┌ 醤油——大さじ1と½
　 │ 砂糖——小さじ⅔
　 │ 鶏ガラスープの素——大さじ½
　 └ 水——大さじ3

作り方

① ナスは縦半分に切り、皮面に格子状に切れ目を入れる。

② フライパンを中火で熱しⒶを入れ、全体を混ぜる。このとき一度、味見をして、濃いようなら水（分量外）を足し調味して、取り置く。

③ フライパンにサラダ油（分量外）を熱し、ナスを入れ素揚げし、揚がったら油をよく切る。

④ 器に3を盛り2をかけ、長ねぎと生姜をのせる。

⑤ フライパンにごま油とサラダ油を熱し、4の長ねぎと生姜にかける。

25

唐辛子香るもやしの炒めもの

たっぷりの唐辛子ともやしで作るこのメニューは短時間で手間なく作ることができ、味付けもシンプル。唐辛子の香りが食欲をそそる一品です。ちなみに唐辛子は香りづけなので、食べません。

材料（2人分）

もやし――250g
唐辛子――約15g
塩――小さじ2/3
うま味調味料――小さじ1/2
酢――小さじ2/3
ごま油、サラダ油――各適量

作り方

1. もやしのひげ根を取る。

2. フライパンに多めのサラダ油を入れ、唐辛子を炒める。

3. 唐辛子が黒くなる直前にもやしと塩、うま味調味料を加え、炒める。

4. ごま油と酢を加え、サッと炒める。

Point

唐辛子を炒めるときは、ちょうど黒く色づく瞬間まで。一気に焦げるので注意します。

王さんの にんじん炒め

昔お店にいた王さんという中国人のコックが教えてくれたメニュー。にんじんと豚肉を同じくらいの大きさに細切りに。柔らかく煮詰めたら「優しい甘さ」という宝物のような味わいに。米焼酎がコクをプラスしてくれます。

材料(2人分)

にんじん(細切り)——1本
豚バラ肉(スライス・細切り)
　　——50g
Ⓐ 米焼酎(料理酒でも可)
　　——80ml
　塩——小さじ⅔
　こしょう——小さじ⅓
　水——200ml
サラダ油——適量

作り方

① フライパンにサラダ油を入れ、強火で熱し、豚肉とにんじんを入れ、炒める。

② 肉に火が通ったら、Ⓐを加え煮詰める。

③ 水分が少し残るほどで火を止め、器に盛る。

Point

煮詰めた汁がオレンジ色に変わり、汁けが完全になくなる前に火を止めることが重要です。にんじんの優しい甘みが引き立ちます。

③

タレがよく絡む 麻婆大拉皮
マーボーダーラーピー

中国タンミョンやダーラーピーと呼ばれる極太春雨を使った麻婆春雨です。食感は通常の春雨とは大きく違い、かと言ってマロニーとも違う何とも言えない食感がハートを驚掴みにしてくれる素晴らしい春雨です。普通の春雨でも作れます。

材料（2人分）

大拉皮（乾燥・極太春雨）——50g
長ねぎ（白い部分・みじん切り）
——⅓本
豚ひき肉——100g
ラー油——大さじ1
パクチー、サラダ油——各適量

A
料理酒——小さじ1と½
醤油——小さじ1と½
甜麺醤——小さじ2と½

B
豆板醤——大さじ1
にんにく（すりおろし）
——小さじ1
豆鼓醤——大さじ1

C
水——250ml
鶏ガラスープの素
——小さじ2
料理酒——小さじ2
醤油——大さじ1

作り方

① フライパンに湯を沸かし、大拉皮を入れ15～20分茹で、水につけておく。

② フライパンにサラダ油を入れ、強火で熱し、ひき肉を入れ、油が澄んで透明になりパラパラになるまで炒める。

③ **A**を加え、味を染み込ませるように炒めたら、取り置く。

④ 大拉皮をお湯にくぐらせ、温めておく。

⑤ フライパンにサラダ油を入れ、強火で熱し、**B**を入れ、軽く炒める。

⑥ 5に**C**と3、4、長ねぎを加え煮込む。

⑦ 汁けがなくなってきたら、ラー油を回しかける。

⑧ 器に盛り、パクチーをのせる。

Point 極太春雨に思いっきり汁を吸わせて、より極太になるように仕上げましょう。

③

⑦

The お店の海老チリ

半世紀以上続く老舗の秘伝チリソースレシピを今回初公開しました。海老の下処理や素揚げなど、レシピ通り丁寧に作ってみてください。きっとお店で食べるような美味しさに仕上がります。

材料（2人分）

海老（あればブラックタイガー）
　——8尾
長ねぎ（白い部分・みじん切り）
　——⅓本
水溶き片栗粉（水2：粉1）——大さじ1
サラダ油——適量

Ⓐ ┌ ケチャップ——100g
　├ 豆板醤——小さじ1と½
　├ にんにく（すりおろし）——小さじ½
　├ 生姜（すりおろし）——小さじ⅓
　└ 甘酒（あればで可）——大さじ2と⅓

Ⓑ ┌ 水——160ml
　├ 料理酒——30ml
　├ 砂糖——30g
　└ 塩、こしょう——各少々

Ⓒ ┌ 卵——大さじ1
　├ 片栗粉——大さじ⅔
　└ サラダ油——小さじ1

Point チリソースはしっかりと火を入れて、焼いて香りを引き出すことが重要です。

作り方

① 海老は背ワタを取り、塩と片栗粉（適量・分量外）で揉むように洗い、流水で洗い流す。

② キッチンペーパーで、水けをふきとる。

③ ボウルにⒶとⒷをそれぞれ混ぜ合わせる。

④ 合わせたⒸに、2を入れて衣を付ける。

⑤ フライパンに多めのサラダ油を入れ、中火で熱し、4を入れ、揚げ焼きにしたら、取り置く。

⑥ フライパンにサラダ油を入れ、中火で熱し、Ⓐを入れ炒め、ふつふつとしてきたらⒷを入れる。

⑦ 沸騰したら長ねぎを加え、水溶き片栗粉を少しずつ加えて、とろみを調整する。

⑧ 5を加え、ソースに絡める。

材料（2人分）

むき海老——14尾
長ねぎ（白い部分・みじん切り）——⅓本
干し海老——20g
ラー油——大さじ1と½
水——200ml
水溶き片栗粉（水2：粉1）——大さじ1
サラダ油——適量

Ⓐ サラダ油——大さじ1
　豆板醤——小さじ1と½
　赤味噌——小さじ⅓
　花椒（パウダー）、塩、こしょう——各少々
　砂糖——小さじ1
　醤油——小さじ½
　八角（あればで可）——2個

Ⓑ 料理酒——大さじ½
　片栗粉——大さじ1
　サラダ油——小さじ½

作り方

① 海老は背ワタを取り、塩と片栗粉（適量・分量外）で揉むように洗い、流水で洗い流す。

② キッチンペーパーで、水けをふきとる。

③ フライパンを中火で熱し、干し海老を入れ、から炒りし、取り置く。

④ ボウルにⒷを入れよく混ぜ、2を入れて衣を付ける。

⑤ 170℃に熱したサラダ油で、4を揚げ取り置く。

⑥ フライパンを中火で熱し、Ⓐを入れ混ぜ、香りが出るまで炒める。

⑦ 水と3を加え、2分ほど煮る（八角は取り除く）。

⑧ 7に長ねぎと5を加えソースを絡め、水溶き片栗粉でとろみを付けたら、ラー油を加え混ぜる。

Point

海老の火入れは、揚げるときに7割、残り1割を余熱、残り2割を煮込みで、と意識しましょう。

ケチャップを使わない海老チリ

甘味と酸味が少ない分、旨みと塩み、さらには豊潤な香りをまとった超本格派の海老チリです。

フレッシュトマトの海老チリ

トマトを使った海老チリは、イタリアンなテイストに仕上がります。マイルドでスッキリとした海老チリ、たまにはいかが？

材料（2人分）

むき海老——14尾
トマト（湯むきし、細かく切る）——2個
長ねぎ（白い部分・みじん切り）——⅓本
にんにく（みじん切り）——1片
生姜（みじん切り）——⅓片
豆板醤——小さじ1と½
水溶き片栗粉（水2：粉1）——小さじ2
パクチー、サラダ油——各適量
Ⓐ 料理酒——大さじ2
　 砂糖——大さじ1と½
　 醤油——大さじ⅔
　 塩——小さじ⅓
ラー油——大さじ1

作り方

① 海老は背ワタを取り、塩と片栗粉（適量・分量外）で揉むように洗い、流水で洗い流す。

② キッチンペーパーで、水けをふきとる。

③ フライパンにサラダ油を入れ、強火で熱し、2の海老を入れ、軽く炒めたら取り置く。

④ フライパンにサラダ油を入れ、強火で熱し、にんにくと生姜、豆板醤を入れ、炒める。

⑤ 香りが出たら、トマトを加え炒め、トマト全体に火が回ったら弱火にし、Ⓐを加え、2〜3分煮る。

⑥ 長ねぎと3を加えソースを絡め、水溶き片栗粉でとろみを付け、ラー油を加え混ぜる。

⑦ 器に盛り、お好みでパクチーをのせる。

海老とほたての黒こしょう炒め

プリプリの海老とほたて、彩り野菜を黒こしょうで炒めたとってもシンプルな料理。ほたての代わりにイカでも相性抜群です。具材を油通しすることで、それぞれの食材の香りが引き立ち、料理の風味を豊かにします。

材料（2人分）

海老（あればブラックタイガー）
　　——4尾
ほたて——4個
長ねぎ（白い部分）——1/6本
パプリカ——1/4個
マッシュルーム——4個
ブロッコリー（小房に分ける）
　　——4房
黒こしょう——小さじ1/2
水溶き片栗粉（水2：粉1）
　　——小さじ1/3
サラダ油——適量
Ⓐ 醤油——大さじ1
　 水——大さじ1
　 オイスターソース——小さじ1
　 砂糖——小さじ1/3
Ⓑ 料理酒——大さじ1/2
　 片栗粉——大さじ1
　 サラダ油——小さじ2

作り方

① 海老はからをむき（尾は残す）、背ワタを取り、塩と片栗粉（適量・分量外）で揉むように洗い、流水で洗い流す。

② キッチンペーパーで、水けをふきとる。

③ 長ねぎは、4cm長さの斜め切り、パプリカは短冊切りにする。

④ ブロッコリーは、かために下茹でする。

⑤ 別のボウルにⒷを入れよく混ぜ、2とほたてを入れて衣を付ける。

⑥ 170℃に熱したサラダ油で5を揚げ、揚がったら、ザルにあげ油をきる。

⑦ 6の油を使い、パプリカとマッシュルームを素揚げする。

⑧ フライパンにサラダ油を入れ、強火で熱し、黒こしょうを入れ軽く炒める。

⑨ 全ての食材を加え、炒め合わせる。

⑩ 合わせたⒶを加え混ぜ、水溶き片栗粉加え、余分な水分を止める。

Point

ブロッコリーの大きな房は、均等に火が入りやすいように、芯に十字の切り込みを入れます。

③

⑩

にんにくを使用した愛のあるハラスメントが「ガリハラ」。ハワイの名物料理を「中華一筋」流にアレンジしてみました。細かいみじん切りで風味を豊かにするもよし、大きめのみじん切りでガーリックの食感を楽しむもよし。

材料（2人分）

海老（あればブラックタイガー）
　　──12尾
パクチー（あれば可）──適量
バター──20g
豆板醤──小さじ½
一味唐辛子──小さじ⅓
レモン汁──少々
ナンプラー──小さじ1
サラダ油──適量
Ⓐ　玉ねぎ（みじん切り）
　　　──¼個
　　にんにく（みじん切り）
　　　──10片
　　パプリカパウダー
　　（あれば可）──小さじ1
　　塩──少々
　　料理酒──小さじ2
　　サラダ油──大さじ2

作り方

① 海老はからをむき、背ワタを取り、塩と片栗粉（適量・分量外）で揉むように洗い、流水で洗い流す。

② Ⓐをボウルに入れ、合わせておく。

③ 2に1を入れ、ラップをし、冷蔵庫で約20分寝かす。

④ 3を冷蔵庫から取り出し、にんにくと玉ねぎを軽く落とす。フライパンに多めのサラダ油を入れ、強火で熱し、揚げ焼きにする。

⑤ 海老に7割ほど火が入ったら、海老だけを一度取り出す。

⑥ バターと豆板醤を加えて、ソースに火を入れ、一味唐辛子を加える。

⑦ 香りが立ってきたら海老を戻し入れ、レモン汁とナンプラーを加え絡める。

⑧ 器に盛り、パクチーを添える。

ガ

ュリンプ

牡蠣の極上ソース炒め

牡蠣を生牡蠣以外で美味しく食べたいなら、絶対にこの調理法がおすすめ。食材は牡蠣と大きさを合わせて切ると、盛り付けもきれいになります。牡蠣を揚げるついでにすべての野菜を油通ししてしまいましょう。

材料（2人分）

牡蠣——10個
エリンギ（一口大に切る）——1本
パプリカ（赤・一口大に切る）
　　——⅛個
ピーマン（一口大に切る）
　　——½個
長ねぎ（白い部分・一口大に切る）
　　——⅙本
唐辛子——4本
ごま油——少々
水溶き片栗粉（水2：粉1）
　　——小さじ1
サラダ油、片栗粉——各適量
Ⓐ┌醤油——大さじ4
　│砂糖——大さじ3
　│酢——大さじ1と½
　│料理酒——小さじ⅔
　│水——大さじ3
　└生姜（すりおろし）——少々
Ⓑ┌薄力粉——100g
　└水——120g

作り方

① ボウルにⒶを入れ、合わせる。

② 別のボウルにⒷを入れ、よく混ぜ合わせ、衣を作る。

③ 牡蠣に片栗粉を付け、2の衣を付ける。

④ 170℃に熱したサラダ油で、3を揚げる。

⑤ 4の油を使い、全ての野菜とエリンギを油通しし、6割ほど火を入れる。

⑥ フライパンにサラダ油を入れ、強火で熱し、唐辛子を入れて軽く炒め、1を加え、全体を混ぜ合わせる。

⑦ 水溶き片栗粉を入れとろみを付けたら、4と5を入れて絡め、最後にごま油を入れる。

Point 牡蠣は火を通し過ぎると小さくかたくなってしまうので、しっかりと衣を付けてから揚げましょう。

41

ふんわり海老の炒り卵

卵を炒めるときは、半熟状になるまで、さっくり混ぜて、ボソボソにならないことを意識して。海老をみじん切りにして、熱々ご飯にのせれば、海老そぼろ丼として楽しめます。

材料（2人分）

むき海老——8尾
卵（溶いておく）——3個
長ねぎ（白い部分・千切り）
——¼本
水溶き片栗粉（水2：粉1）
——小さじ⅓
サラダ油——適量
Ⓐ┌ 塩——小さじ½
　│ うま味調味料
　│　　——小さじ½
　└ 水——大さじ3

作り方

① 海老は背ワタを取り、塩と片栗粉（適量・分量外）で揉むように洗い、流水で洗い流す。

② フライパンに湯を沸かし、1を入れ、下茹でし、取り置く。

③ ボウルにⒶを入れ、合わせておく（塩ダレ）。

④ フライパンにサラダ油を入れ、強火で熱し、卵を入れ軽く炒め、長ねぎと2、3を加えて軽く混ぜる。

⑤ 水溶き片栗粉を加え、余分な水分を止める。

Point

フライパンに卵を入れてからはスピード勝負！工程を確認してから始めましょう。

④

卵ときくらげのふわとろ炒め

日本では馴染みが薄いですが、中国ではとってもポピュラーな家庭料理のひとつ木須肉（ムースーロー）。青菜はなんでもOK。醤油とオイスターソースがベースのソースで、ご飯にとっても合う一品です。

材料（2人分）

豚バラ肉（スライス・一口大に切る）
　　—— 100g
小松菜（一口大に切る）
　　——¼束
白菜（一口大に切る）
　　——1枚（約70g）
長ねぎ（1cm長さの薄切り）
　　——⅛本
生姜（1cm長さの薄切り）——½片
きくらげ（水で戻したもの）
　　——40g
卵（溶いておく）——3個
ごま油——小さじ⅔
水溶き片栗粉（水2：粉1）
　　——小さじ⅓
サラダ油——適量
Ⓐ 醤油——大さじ1
　　オイスターソース——大さじ1
　　塩——少々
　　砂糖——小さじ1と½
　　料理酒——大さじ1
　　こしょう——少々
　　水——大さじ2

作り方

1. ボウルにⒶを入れ、合わせておく。

2. フライパンにサラダ油を入れ、強火で熱し、豚肉を入れ炒め、火が通る少し前に、小松菜と白菜、生姜、長ねぎ、きくらげを加え、小松菜と白菜がしんなりしたら一度取り出す。

3. フライパンにサラダ油を入れ、強火で熱し、卵を入れ炒め、スクランブルエッグを作る。このとき細かくならないように注意する。

4. 2と1を加え、混ぜ合わせ、水溶き片栗粉を加え、余分な水分を止める。

5. ごま油を加え、サッと炒めたら、皿に盛る。

Point

炒めすぎると食材が固くなるので、卵を入れてからは強火でサッと仕上げます。

3  →

半熟卵のカレーオムレツ

かつて中国人シェフから伝授された、まかない専用のこの料理は、肉そぼろと卵でできちゃう超簡単なひと品。ご飯にのせてかき込むもよし、うどんにのせてツルツルいくのもよし。

材料（2人分）

豚ひき肉——100g
トマト（細かく切る）——¼個
玉ねぎ（みじん切り）——¼個
にんじん（みじん切り）——¼本
セロリ（みじん切り）——⅓本
卵（軽く溶いておく）——3個
サラダ油——適量
Ⓐ┌ 豆板醤——小さじ1
　│ オイスターソース——小さじ2
　│ カレー粉——大さじ1
　│ ケチャップ——大さじ1と½
　│ 醤油——小さじ2
　└ 水——大さじ2

作り方

① ボウルにⒶを入れ、合わせておく。

② フライパンにサラダ油を入れ、強火で熱し、ひき肉を入れ、油が澄んで透明になりパラパラになるまで炒める。

③ 全ての野菜を加え、軽く炒める。

④ 1を加え、さらに軽く炒めて、一度取り出し、成形してから器に盛る。

⑤ フライパンにサラダ油を入れ、強火で熱し、卵を入れ、半熟状になったら、4の上にのせる。

Point

卵は完全に混ぜないで、あえて白身を残す事により、できあがりに白と黄色のコントラストが出ます。さらにトロッとする白身独特の食感が作れます。

④

回鍋肉

ホイコーロー

レストランクオリティな

名前の回鍋という文字の意味は、鍋を回すことではなく、一度調理した食材を再び鍋に戻して調理することを指します。ちゃんとした手順で作って、お店で味わえるような本格的な回鍋肉をお楽しみください！

材料（2人分）

豚ロース肉——3枚
キャベツ——5枚
長ねぎ（白い部分）——1/6本
ピーマン——1個
パプリカ——1/4個
ラー油——小さじ2
花椒（パウダー・あればで可）、
水溶き片栗粉（水2：粉1）
　　——小さじ1/3
サラダ油——適量

Ⓐ 豆板醤——大さじ1/2
　 豆鼓醤——大さじ1/2
　 にんにく（すろおろし）
　　——小さじ1/3
　 甜麺醤——大さじ1
　 甘酒（あればで可）
　　——小さじ2

Ⓑ 料理酒——小さじ2
　 醤油——小さじ1

作り方

① ピーマンとパプリカ、長ねぎは一口大に切り、豚肉とキャベツは大きめに切る。

② フライパンにサラダ油を入れ、強火で熱し、豚肉を焼く。焼けたら取り置く。

③ フライパンに多めのサラダ油を中火で熱し、長ねぎ以外の野菜を入れ炒める。

④ ある程度炒めたら、熱湯（具材がつかるくらい）を入れ、豚肉を戻し入れ、すぐに全てをザルにあげる。

⑤ フライパンにサラダ油を入れ、Ⓐを入れ、香りが出るまで炒める。

⑥ 長ねぎと4を加え、混ぜる。

⑦ Ⓑを加え、さらに混ぜる。

⑧ 全体が混ざったら、水溶き片栗粉を入れ、ラー油を入れる。皿に盛り、花椒を振る。

青椒肉絲の頂点

チンジャオロースー

強火で手早く炒め、味をまとわせて、余分な水分を飛ばすことで、生まれる歯ごたえと香り、色つや。ピーマン嫌いな方をも虜にしてしまうひと品です。段取りよく炒めていくには、準備が大切です。

材料（2人分）

ピーマン——3個
パプリカ——⅓個
たけのこ——40g
豚モモ肉（薄切り）——180g
長ねぎ（みじん切り）——⅛本
水溶き片栗粉（水2：粉1）
　——小さじ⅓
オリーブオイル——小さじ2
サラダ油——適量
Ⓐ 醤油——大さじ2
　 オイスターソース——大さじ1
　 砂糖——小さじ1と½
　 塩——少々
　 こしょう——少々
　 水——大さじ2と½
　 料理酒——大さじ1
Ⓑ 塩——少々
　 料理酒——小2
　 こしょう——少々
　 サラダ油——小さじ2
　 水——大さじ1
　 片栗粉——小さじ½

作り方

① ピーマンとパプリカ、たけのこ、豚肉は、全て大きさをそろえて細切りにする。

② ボウルにⒷと豚肉を入れ、よく混ぜる。

③ 別のボウルにⒶを入れ、合わせておく。

④ フライパンにサラダ油を入れ、強火で熱し、ピーマンとパプリカ、たけのこを入れ、軽く炒めたら、ザルにあげ、油を切る。

⑤ フライパンにサラダ油を入れ、強火で熱し、2を入れ、ほぐしながら炒め、豚肉に火が通ったら、長ねぎを加え、さらに炒める。

⑥ 3を加え沸いたら、水溶き片栗粉を加え、余分な水分を止め、4を入れて絡めたら、最後にオリーブオイルを入れる。

Point 細切りした豚肉は火が通りやすいため、サッと炒めます。

牛肉バター黒こしょう炒め

加減を知らないイチナベさん（中華一筋）が入れた黒こしょうの量。これこそが、この料理のキモです。ピリリとパンチの利いたお肉は、白いご飯と相性ばっちり。お酒のアテにも抜群です。

材料（2人分）

牛モモ肉（薄切り）——250g
紫玉ねぎ（薄切り）——¼個
バター——20g
黒こしょう（粗挽き）——小さじ2
砂糖——小さじ1と½
水——大さじ4
醤油——大さじ1
水溶き片栗粉（水2：粉1）
　　——小さじ⅔
片栗粉、サラダ油——各適量
Ⓐ 塩——少々
　 こしょう——少々
　 料理酒——大さじ⅔

Point

牛肉は揚げすぎないようにします。バターは焦げやすいため注意が必要です。

作り方

① ボウルにⒶと牛肉を入れ揉むように混ぜ、片栗粉を付ける。

② 160℃に熱したサラダ油で、1の牛肉を揚げ、揚がったら、ザルにあげ、油を切る。

③ フライパンにサラダ油を入れ、中火で熱し、紫玉ねぎを軽く炒め、器に敷く。

④ フライパンにバターを入れ、中火で熱し、黒こしょうを入れ、軽く炒める。

⑤ 砂糖と醤油、水を加え沸かし、2を加え絡める。

⑥ 水溶き片栗粉を加え、とろみを付ける。

⑦ 3の上に6を盛る。

⑤

⑥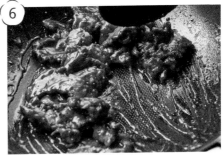

牛肉の香りパン粉炒め

またの名をゴールデンパウダービーフ。この謎のパワーワードは、「金沙（きんさ）」というパン粉を使用した伝統ある中国料理名から取りました。金沙粉は他の肉や魚介にも合うので、いろいろアレンジして作ってみてください。

材料（2人分）

牛ハラミ肉——200g
しめじ（石づきを取り、手で割く）
——1/2パック（50g）
パン粉——100g
長ねぎ（みじん切り）——1/5本
サラダ油——適量
Ⓐ ┌ ガーリックパウダー
　　　——小さじ2/3
　├ 塩——小さじ2
　├ 花椒（パウダー）——小さじ1/2
　├ 鶏ガラスープの素
　　　——小さじ1
　├ 七味唐辛子——小さじ1
　├ こしょう——小さじ1
　├ ターメリック——小さじ1/2
　└ 炒りごま——小さじ1

作り方

① フライパンを中火で熱し、パン粉を入れ、から炒りする。

② 色が少し付き、サクッとなったら、ボウルに移し、Ⓐを加え、混ぜ合わせる（金沙粉）。

③ フライパンにサラダ油を入れ、中火で熱し、牛肉を入れ焼き、火が通ったら一度取り出す。

④ 3のフライパンにしめじと長ねぎを入れ、軽く炒める。

⑤ 4に2と3を入れ混ぜ合わせる。

Point
最初にパン粉をから炒りすることで、サクサクな食感になります。

①

僕たちの自慢の 餃子

オイスターソースを少し足すとことで、コクをプラス。お家で餃子をおいしく作るコツは、あんを混ぜすぎず、皮の中に空気も一緒に優しく包み込むことです。最後は強火でしっかり焼いて、皮に焼き目をつけましょう。

材料（約10個分）

豚ひき肉——200g
キャベツ（みじん切り）
　——1枚（50g）
ニラ（みじん切り）——2/3束
餃子の皮——10枚
生姜（すりおろし）——小さじ1
サラダ油——適量

Ⓐ 塩——小さじ1/2
　 砂糖——小さじ1
　 こしょう——少々

Ⓑ 醬油——小さじ2
　 オイスターソース
　　——小さじ1/2
　 サラダ油——大さじ1と1/2
　 水——大さじ2と2/3

Point

あんを混ぜるときは、軽く粘りが出て、白っぽくなったらOK!

作り方

1. ボウルにひき肉と生姜、Ⓐを入れ、混ぜる。

2. Ⓑを加え、粘りが出るまで混ぜる。

3. キャベツを入れ混ぜ、ニラを入れ混ぜる。（混ぜすぎない）

4. 3を等分して皮で包む。

5. フライパンにサラダ油を入れ、強火で熱し、餃子を並べ、餃子が半分浸かるほどの水（分量外）を入れ、フタをする。

6. 水がある程度減ったら、フタをあけ、完全に水分がなくなるまで焼く。

7. 仕上げに、サラダ油を回し入れ、皮がカリッとするまで焼く。

きっと日本人はみんな餃子が大好きですよね。餃子の歴史をひもとくと、中国の春秋時代の紀元前600年頃に山東省で誕生したとされているようですが、なんと紀元前3000年頃には、小麦粉の皮に具を包んで加熱した食べ物が、古代メソポタミア文明の遺跡から見つかっているようです。

確かに餃子は中国や日本だけではなく、例えばイタリアのラビオリやポーランドのピエロギなどのように、姿、形、呼び方は違えど、似たような料理は世界各地に存在しています。そもそも日本の餃子だって中国の餃子とはかなり違いますし……。

食文化というものは、こうして様々な形に変化をして、受け継がれていくんだなあ……と、餃子のあんを包みながらつくづく思ったりします。あなたもそんな事を考えながら、いろんな餃子を作ってみてはいかが？

アレンジ 一 えび餃子

材料（2人分）

P.57の餃子の材料
＋
むき海老——100g

作り方

① 海老は背ワタを取り、塩と片栗粉（適量・分量外）で揉むように洗い、流水で洗い流す。キッチンペーパーで水けをふきとったら、大きめのみじん切りにする。

② 餃子のあん（P.57の工程3）に混ぜ、皮で包み焼く。

アレンジ 二 手作り水餃子

材料（2人分）

P.57の餃子の材料
＋
強力粉——150g
水——80ml

作り方

① ボウルに強力粉と水を入れ、よく練る。

② 10gずつに分け、生地をめん棒で丸く伸ばす。

③ 2に餃子のあん（P.57の工程3）を包む。

④ フライパンに湯を沸かし、3を入れ、7分ほど茹でる。

肉

アレンジ 三　二枚重ねの水餃子

材料（2人分）

P.57の餃子の材料
＋
餃子の皮——20枚

作り方

① 餃子の皮2枚を水でくっつける。

② 1に餃子あん（P.57の工程3）を包む（はがれないようにしっかり包む）。

③ フライパンに湯を沸かし、2を入れ、5分ほど茹でる。

アレンジ 四　肉汁餃子

材料（2人分）

P.57の餃子の材料
＋
水——120ml
鶏ガラスープの素——小さじ1/2
寒天（粉）——1g

作り方

① フライパンに水と鶏ガラスープの素を入れ沸かし、寒天を加え混ぜる。

② 1をボウルに入れ、粗熱を取ったら冷蔵庫に入れ、冷やし固める。

③ 容器から取り出し、2をみじん切りにする。

④ 餃子のあん（P.57の工程3）に混ぜ、皮で包み焼く。

材料（2人分）

豆腐（絹・一口大に切る）——260g
長ねぎ（白い部分・みじん切り）
　　——1/6本
にんにくの芽（2cm長さの斜め切り）
　　——2本
豚ひき肉——100g
ラー油——大さじ1
水溶き片栗粉（水2：粉1）
　　——大さじ1と1/2
サラダ油、花椒（パウダー）
　　——各適量

Ⓐ┌料理酒——大さじ1
　│醤油——大さじ1
　└甜麺醤——大さじ1と1/2

Ⓑ┌にんにく（すりおろし）
　│　　——小さじ1
　│一味唐辛子——小さじ1/2
　│豆板醤——大さじ1
　└豆豉醤——大さじ1/2

Ⓒ┌水——180ml
　│鶏ガラスープの素
　│　　——小さじ1/2
　│料理酒——小さじ2
　└醤油——小さじ1と1/2

作り方

① フライパンにサラダ油を入れ、強火で熱し、ひき肉を入れ、油が澄んで透き通りパラパラになるまで炒める。

② Ⓐを加え、味を染み込ませるように炒めたら、取り出す。

③ フライパンに湯を沸かし、塩ひとつまみ（分量外）と豆腐を入れ、1分ほど茹で、ザルにあげ水けを切る。

④ フライパンにサラダ油を入れ、弱火で熱し、Ⓑを入れ、焦げ付かないよう炒める。

⑤ Ⓒと2、にんにくの芽、3を静かに入れ、豆腐をくずさないように1分30秒ほど煮込む。

⑥ 長ねぎを加え、ひと煮立ちさせたら、水溶き片栗粉でとろみを付ける。

⑦ ラー油を加え、フライパンを回しながらグツグツさせ、しっかりとよく焼く。

⑧ 器に盛り、花椒を振る。

本格的 麻婆豆腐

唐辛子の辛さと花椒の痺れ。この2つの要素を最大限に引き出すための調理法は、煮るでも炒めるでもありません。水溶き片栗粉にしっかりと火を入れ、鍋底に適度な焦げが付くまで焼きを入れること。

材料（2人分）

豆腐（絹・一口大に切る）——200g
牛こま切れ肉——50g
山くらげ（水煮）——30g
干し海老——10g
水溶き片栗粉（水2：粉1）——大さじ2
長ねぎ（白い部分・みじん切り）——⅔本
小ねぎ（小口切り）——½束
一味唐辛子——小さじ1
サラダ油——150ml
Ⓐ ┌ 水——300ml
  │ 鶏ガラスープの素——小さじ2
  │ 塩——小さじ⅓
  └ 料理酒——大さじ1

作り方

① フライパンを中火で熱し、干し海老を入れ、から炒りする。

② 1にⒶを加え、沸いたら、豆腐と牛肉、山くらげを加え、2分ほど煮る。

③ 水溶き片栗粉を加え、とろみを付け、器に盛る。

④ 3の上に長ねぎを散らし、その上に小ねぎを散らし、さらにその上に一味唐辛子を散らす。

⑤ フライパンで熱したサラダ油を、4の上にかける。

60ページで紹介した麻婆豆腐とは対照的に、優しい味の油麻婆。熱々の油をかけた焦がしねぎの風味がアクセントになります。

層が美しい油麻婆豆腐

中華一筋ってどんな人？

中華一筋として活躍中のチーフとイチナベさんのKMOコンビ。
毎日中華鍋を振り、大量のまかない料理を作っている動画が人気だ。
謎多き中華一筋だが、そんな彼らをよく知る人物、
マネユカさんにチーフとイチナベさんのことを聞いてみた。

—— そもそもあの2人ってどんな人なんですか？
まず性格は正反対ですね。タイプが真逆です。チーフは先の先の先まで読んで、ものすごく細かいところまで考える人。逆にイチナベさんは、考えるよりも先に行動するタイプですね。仕込みひとつとっても、チーフは時間をかけて、ていねいにする反面、イチナベさんは集中して、とにかくスピード勝負なので、チーフの5倍は仕事をこなしています（笑）。

—— 本当に真逆ですね
でも一見チーフの方が堅実そうだけれど、実はイチナベさんの方が慎重派なんです。チーフはお金の使い方とかすごいですからね。

—— そうは見えないですけど……
この間いきなり「電動歯ブラシの先っちょいる？」って聞かれて……。どういうこと？ って聞いたら、「なんでか分からないけど、ネットで頼んだら60本届いて。そんなにいらないんだよねー（笑）」って。そんなことあります？

—— 確かにそんなこと、普通起きませんね（笑）
かたや、イチナベさんは10円単位で領収書を切ってきますからね。何か欲しいものを見つけたら、どこで買うのが一番安いのか調べまくっています。本当に2人とも極端で対称的なので見ていて楽しいです。唯一共通しているとこ

ろは、ものすごく真面目なところと仕事が大好きなところです。2人とも毎週のように定休日に店にいますから。大丈夫ですかね？ いろんな意味で（笑）。

—— マネユカさん的にチーフとイチナベさん、どっちの料理が美味しいと思いますか？
これは好みが完全に分かれますね。ガツンとした料理が好きな人は断然イチナベさんだし、優しい繊細な料理が好きな人はチーフだし。若い世代、例えば男子高校生とかなら、チーフの料理は物足りないし、でもご年配の方なら、イチナベさんの料理は、胃袋が付いていかないし……。得意なジャンルが違うから、きっとうちの店は幅広い年齢層のお客様に喜んで頂いているんだと思います。

—— 普段どんな感じで撮影しているんですか？
いつも私が朝に出勤するタイミングで、撮影していることが多いので、厨房のドアを開けたら大抵2人でキャッキャやっています（笑）。他のスタッフたちは、それぞれ営業前の仕事を一生懸命やっている最中なので、厨房内は2人の声と包丁の音しか聞こえないんですけど、2人のくだらないやりとりに、周りのスタッフがクスクス笑っているので、きっとみんな耳をすまして聞いているんだと思います。ラジオみたいな感じですかね？

➡ 後編（P.121）に続く

揚 げる

zhá

ご家庭では敬遠されがちな揚げものですが、でき合いのものを温めて食べるより、やはり揚げたてを食べたいもの。油を多く使わずにすむものは、揚げ焼きに、たっぷりの油が必要なものは、温度に注意しながら、揚げてください。揚げたてを食べられる幸せを手に入れましょう。

すごく簡単 油淋鶏（ユーリンチー）

元々ユーリンとは、少ない油を肉にかけながら揚げる調理法のことですが、日本が誇る油淋鶏の作り方はちょっと違います。カリッと揚げた鶏肉に絡む熱々の香味ソースは、醤油ベースの酸味と甘辛の優しい味です。

材料（2人分）

鶏モモ肉——1枚
キャベツ（千切り）——⅛玉
長ねぎ（みじん切り）——¼本
生姜（すりおろし）——小さじ⅔
片栗粉、サラダ油——各適量

A
醤油——大さじ3
砂糖——大さじ3
酢——大さじ3
ごま油——小さじ1と½

B
料理酒——小さじ1
塩——小さじ½
こしょう——少々

Point 最後に熱々に温めたタレをかけることで、タレの味がよく肉に染み込みます。

作り方

① 鶏肉は包丁で開き、厚さを均等にする。

② ボウルに**B**を入れて混ぜ合わせ、鶏肉を入れ、下味をつけ、片栗粉をまぶす。

③ フライパンに多めのサラダ油を入れ、中火で熱し、2の肉を入れ、揚げ焼きにする。

④ 鶏肉に火が通ったら、ザルにあげ油を切る。

⑤ 4を均等に切る。

⑥ 器にキャベツを盛り、5を上にのせる。

⑦ フライパンにサラダ油を入れ、強火で熱し、生姜を軽く炒めたら、**A**を加え、沸く寸前に火を止め、ねぎを入れる。

⑧ 7を6にかける。

パインを包んだ酢豚

ケチャップベースの酢豚にパインが具材として入ることが一般的ですが、今回の酢豚は豚バラ肉でパインを巻いてよりジューシーに仕上げました。はちみつと砂糖で甘く仕上げた黒酢酢豚。ご賞味ください。

材料（2人分）

豚バラ肉（スライス）──6枚
パイン（缶詰でも可）──⅛個
玉ねぎ（粗みじん切り）──少々
片栗粉、サラダ油
　　──各適量
Ⓐ┌黒酢──100ml
　│砂糖──90g
　│はちみつ──大さじ2
　│醤油──50ml
　│生姜（すりおろし）──少々
　│水──大さじ1と⅓
　└片栗粉──小さじ1

作り方

① ボウルにⒶを入れ、混ぜ合わせる。

② パインは3cmほどの角切りにする。

③ 豚肉でパインを巻き、俵状にし、片栗粉をまぶす。

④ フライパンに多めのサラダ油を入れ、中火で熱し、3を揚げ焼きにしたら、一度取り出す。

⑤ フライパンにサラダ油を入れ、強火で熱し、1を入れ、軽くとろみが付いてきたら、4を加え絡める。

⑥ 器に5を小高く盛り付け、玉ねぎをのせる。

Point パインの他にも、ぶどうやリンゴなどで作ることもできます。

②

③

69

山盛り唐辛子の映える唐揚げ 辣子鶏
ラーズーチー

いつもの唐揚げに飽きたときには、食卓に驚くほど映えの効く辣子鶏にしてみては？　激辛料理に見えるけれど、辛さはほとんどありません。唐辛子の風味を楽しむ唐揚げです。

材料（2人分）

鶏モモ肉（8等分に切る）——1枚
長ねぎ（青い部分と白い部分両方・斜めざく切り）——¼本
にんにく（薄切り）——2片
唐辛子——約45g
花椒（ホール）——3g
塩——小さじ⅔
料理酒——大さじ⅔
サラダ油——適量
Ⓐ 料理酒——小さじ2
　 塩——小さじ½
　 こしょう——少々
　 生姜（すりおろし）
　 　——小さじ½
Ⓑ 卵（溶いておく）——1個
　 片栗粉——適量

作り方

① ボウルにⒶを入れ混ぜ合わせ、鶏肉を入れ、揉み込むように混ぜ、さらにⒷを加え混ぜる。

② 170℃に熱したサラダ油で、1を揚げ、揚がったら、ザルにあげ油を切る。

③ フライパンに多めのサラダ油を入れ、強火で熱し、にんにくと花椒を入れ炒め、香りが出たら長ねぎ（白）を入れ炒める。

④ 唐辛子と長ねぎ（青）を入れ、香りが出たら、2を入れ混ぜ、塩で調味する。

⑤ 仕上げに料理酒を入れ、軽く炒める。

Point

たっぷりの唐辛子と花椒で、鶏肉にしっかりと香りをつけることが大切です。もっと辛さを出したい時は唐辛子を切り、種をたくさん入れましょう。

予想を裏切る 海老春巻き

春巻きのあんは、さまざまな具材を鍋で炒めて、適度なとろみを付ける調理法が定番です。しかしこの春巻きは生の海老を包んでたんのうするもの。パリパリの皮に海老のプリプリの食感が楽しめます。

材料（4本分）

むき海老——13尾
たけのこ（千切り）——40g
春巻きの皮——4枚
片栗粉——5g
サラダ油——適量
Ⓐ ┌ 塩——小さじ⅓
　│ 砂糖——小さじ1
　│ こしょう——少々
　│ ラード（サラダ油でも可）
　│ 　　——大さじ1
　└ ごま油——小さじ½

作り方

① 海老は背ワタを取り、塩と片栗粉（適量・分量外）で揉むように洗い、流水で洗い流す。

② キッチンペーパーで、水けをふきとる。

③ ボウルに2を入れ、手で大きめにつぶす。

④ Ⓐを入れ、混ぜ合わせ、さらにたけのこを入れ、粘りが出るまで混ぜる。

⑤ 片栗粉を入れ混ぜる。

⑥ 5を等分して春巻きの皮で巻く。

⑦ 170℃に熱したサラダ油で6を揚げる。

Point
ボウルで海老をつぶすとき、海老を大きめに残すことが予想を裏切るコツです。

③

⑥

本当はレシピを教えたくない海老マヨ

このレシピだけは教えたくありませんでした。だってお店で出しているものとほとんど変わらないから。こんなに簡単にできて美味しいんだ、なんて知られてしまったら、もうお店で注文されなくなってしまう……。

材料（2人分）

むき海老——14尾
サラダ油——適量
A ┌ マヨネーズ——90g
　　│ 練乳——大さじ2
　　│ 牛乳——小さじ2
　　└ コーヒー・フレッシュ——2個
B ┌ 卵（溶いておく）——1個
　　└ 片栗粉——適量

作り方

①　海老は背ワタを取り、塩と片栗粉（適量・分量外）で揉むように洗い、流水で洗い流す。

②　キッチンペーパーで水けをふきとる。

③　ボウルに**A**を入れ、合わせておく。

④　別のボウルに**B**を入れ、混ぜ合わせ、2を入れ、衣を付ける。

⑤　170℃に熱したサラダ油で、4の海老を揚げる。

⑥　揚がったら3を絡め、器に盛る。

Point

海老の衣は、かために、そして多めにしっかりと付けましょう。揚げすぎると、海老がかたくなるので注意します。

④

⑤

コロコロご飯のおこげあんかけ

ご飯が余ったときにおすすめなメニューです。コロコロしたらふわっと揚げて、熱々のあんをかけて、できたてを食べてください。食材はほぼそのままの形で、コロコロご飯とゴロゴロ具材で見た目もインパクト大!

材料(2人分)

むき海老――4尾
マッシュルーム――4個
ブロッコリー(小房にわけたもの)
　　――4個
ミニトマト(湯むきする)――4個
白飯――120g
水溶き片栗粉(水2:粉1)
　　――大さじ2
水――300ml
片栗粉、サラダ油――各適量
Ⓐ 料理酒――大さじ1
　　鶏ガラスープの素
　　　――小さじ2/3
　　こしょう――少々
　　塩――小さじ2/3
　　うま味調味料
　　　――小さじ1/3

作り方

① 海老は背ワタを取り、塩と片栗粉(適量・分量外)で揉むように洗い、流水で洗い流す。

② フライパンに具材が浸かるほどの湯を沸かし、1とブロッコリーを茹でる。

③ 白飯は固めに丸め、片栗粉を付ける(1個約20gを6個)。

④ 170℃に熱したサラダ油で3を揚げ、白飯のまわりが固まったら取り出す。

⑤ フライパンに水とⒶを入れ沸かし、2とマッシュルーム、ミニトマトを加え、水溶き片栗粉でとろみを付ける。

⑥ 器に4を置き、5をかける。

Point
💡
全て火が通りやすい食材です。余熱でも火が通るため揚げすぎに注意しましょう。

④

煮る
wēi

蒸す
zhēng

中国料理において、「煮る」「蒸す」というのは、日本食や洋食のそれとは少し違うかもしれません。下ごしらえや火を通したあとなどに加えるひと手間があり、そのひと手間によって、見栄えや味に深みが出るのです。見た目ほど難しくないレシピを集めたので、ぜひ作ってみてください。
なお、この章に茹でる工程のレシピもまとめています。

豚肉の角煮

じ〜っくり煮込んだ

フライパンにバンバン食材を敷き詰めて煮込みます。焦げ付かないように、途中でタレを継ぎ足すことを忘れずに。皮付きの豚バラ肉で作ると、超本格的に仕上がります。

材料（作りやすい分量）

豚バラ肉（ブロック）——1kg
長ねぎ（白い部分）——½本
生姜——1片
砂糖（あれば中ザラ糖）——50g
唐辛子——3本

Ⓐ 醤油——100ml
　 水——300ml
　 料理酒——50ml
　 みりん——30ml

作り方

① 生姜は厚めの薄切り、長ねぎは縦半分に切り、5cm長さに切る。

② 豚肉に醤油（分量外）を付ける。

③ フライパンに2を入れ、表面をこんがり焼く。

④ 3を3cm角の正方形に切る。

⑤ フライパンに生姜、長ねぎを敷く。

⑥ 4を隙間なく詰めたら、具材が浸かるほどの合わせたⒶ（全量ではない）と砂糖を入れ、沸騰させる。

⑦ フタをして、中火〜弱火で、2時間半〜3時間半蒸し焼きにし、途中で唐辛子を入れ、Ⓐを継ぎ足しながら豚肉に火を通す。

Point

最初に豚肉を焼くことで表面を固め、旨みを閉じ込めることができるんです。

白菜と干し海老の優しい煮込み

あなたが思う「優しい料理」とはなんですか？ この煮込みは、海老の風味が香る体に優しいスープのような料理です。毎日を頑張っている人の疲れた身体を癒やし、明日に向けての活力にもなる、そんなひと品。

材料（2人分）

白菜──1/8個
干し海老──20g
塩昆布──5g
塩──適量
水──500ml

作り方

1. 白菜を縦に大きめに切る。

2. フライパンを中火で熱し、干し海老を入れ、から炒りする。

3. 2に水を加え沸いたら、白菜と塩昆布を加え、弱火～中火で7～8分煮る。

4. 塩で味を調整する。

Point

干し海老をから炒りすることで、風味を最大限に引き出すことができます。

材料（2人分）

手羽先——6本
しいたけ（軸を取り、半分に切る）——4個
生姜（1cm長さの薄切り）——½片
唐辛子——6本
水溶き片栗粉（水2：粉1）——大さじ2
サラダ油——適量
🅐 ┌ 料理酒——大さじ1と½
　　│ 醤油——大さじ1
　　│ 水——600ml
　　│ 鶏ガラスープの素——小さじ1
　　│ オイスターソース——大さじ1
　　└ 砂糖——小さじ1と½

作り方

① 手羽先の表面に醤油（分量外）をまぶす。

② フライパンを中火で熱し、1を入れて焼き、表面が焼けたら取り置く。

③ フライパンにサラダ油を入れ、強火で熱し、生姜と唐辛子を入れ炒め、🅐と2、しいたけを加え、沸いたらフタをし、弱火で20〜25分煮る。

④ 水溶き片栗粉を加え、とろみが付いたら、器に盛る。

とろとろ**手羽先煮込み**

「紅焼（ホンシャオ）」という上海料理の代表的なこの調理法は、つやのあるとろみの付いた醤油風味の煮込みを指します。

生姜が香る あさりの酒蒸し

たまには生姜たっぷりの酒蒸しはどうですか？ 残った汁にご飯を入れたら極上おじやのできあがり！

材料（2人分）

あさり（砂抜きする）——20個
生姜（千切り）——4片
小ねぎ（あればで可・小口切り）、
唐辛子（輪切り）、サラダ油——各適量
Ⓐ 水——450ml
　　日本酒——大さじ4
　　塩——小さじ⅔

作り方

① フライパンにサラダ油を入れ、強火で熱し、唐辛子と生姜を入れ、香りと辛みが出るまで炒める。

② Ⓐを加え、沸いたら、あさりを加え弱火〜中火にし、フタをして、5分ほど蒸し煮にする。

③ 塩（分量外）で調味し、器に盛り、小ねぎを散らす。

豚バラと大根のポカポカスープ

中国四川省の家庭料理がベースのこのスープは、ピリッと辛くて、口当たりのよい乳化が施されたひと品。花椒と唐辛子の代わりに、ねぎと生姜でも美味しくできます。

材料（2人分）

豚バラ肉（スライス・一口大に切る）
——50g
大根（いちょう切り）——2cm
水——400ml
Ⓐ サラダ油——大さじ1
　花椒（ホール）
　　　——小さじ½
　唐辛子——4本
Ⓑ 塩——小さじ½
　鶏ガラスープの素
　　　——小さじ1

作り方

① フライパンに**Ⓐ**を入れ、中火で熱し、香りが出たら、水と**Ⓑ**を加える。

② 沸いたら、大根を入れ、スープを乳化させる。

③ 大根に火が通ったら、豚肉を入れ、豚肉に火が通ったら器に盛る。

Point

スープを乳化させるにはある程度の火力が必要です。ボコボコするくらいを目安にします。

白身魚のねぎ生姜蒸し

さっぱりと蒸した白身魚に、たっぷりのねぎと生姜をのせ、熱々の油をジュッとかけたら、そこはもう高級中国料理店の香り。簡単な調理法でシンプルに魚料理を楽しむことができる中国広東料理です。

材料（2人分）

たら——4切
長ねぎ——⅓本
生姜——2片
パクチー——適量
サラダ油——大さじ4
Ⓐ 醤油——大さじ1と½
　ナンプラー——大さじ½
　砂糖——小さじ⅔
　だしの素（顆粒）
　　　——大さじ½
　水——大さじ4

Point

蒸し時間は目安です。ときどきフタを開けて魚の様子を見ながら時間を調整してください。

作り方

① フライパンにⒶを入れ、中火にかけ、全体を混ぜる。このとき一度味見をして、濃いようなら水を足し、取り置く。

② 長ねぎは、青い部分はぶつ切り、白い部分は千切りにする。

③ 生姜は¾量を薄切り、¼量を千切りにする。

④ フライパンに水適量（分量外）を入れ、蒸し器をセットし、ねぎの青い部分をのせ、その上にたらをのせ、さらにその上に生姜（薄切り）をのせる。

⑤ フタをし、沸いたら弱火～中火にし、8分ほど蒸す。

⑥ 器にたらを盛り、1をかけ、白ねぎと生姜（千切り）をのせる。

⑦ フライパンにサラダ油を熱し、6の長ねぎと生姜にかけ、パクチーをのせる。

④

⑤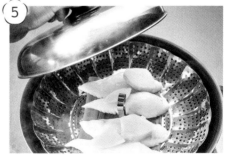

フワフワな焼売

手で詰める焼売のポイントはあまりギュウギュウに詰めすぎないこと。美味しい焼売の正解は、口の中でほどよくほどける感覚と、豚肉と玉ねぎのシンプルな旨みを感じられることです。

材料（2人分）

豚ひき肉——200g
玉ねぎ（5mm幅のみじん切り）
　　——1/3個
焼売の皮——8枚
片栗粉——大さじ1と1/2
Ⓐ ┌ ほたて（缶詰・汁けを切る・
　　あればで可）——15g
　├ 砂糖——大さじ1
　├ こしょう——少々
　└ 塩——小さじ1/2
料理酒——小さじ2
卵（なくても可）——大さじ1

作り方

① 玉ねぎをボウルに入れ、片栗粉を全体にまぶす。

② 別のボウルにⒶを入れ混ぜ、料理酒、卵を加え混ぜる。

③ 2にひき肉を加え、よく混ぜたら、1を入れ、さらに混ぜる。

④ 焼売の皮で3を等分して包む。

⑤ フライパンにお湯を沸かし、蒸し器をセットし、4を並べ、15分ほど蒸す。

Point

蒸し器の底面に触れない程度に水を入れ、焼売同士がくっつかないように並べます。

④

鶏肉の香り油かけ

中国広東省には「無鶏不成宴（鶏料理がないと宴席が成り立たない）」という言葉があります。数ある鶏料理の中でも王様的存在で、油でジュワッと熱されたねぎの風味が、鶏肉を引き立てる料理。それが白切鶏。

材料（2人分）

鶏モモ肉——1枚
長ねぎ（白い部分・みじん切り）
　　——1本
にんにく（みじん切り）——1片
生姜（みじん切り）
　　——⅓片（にんにくと同量）
小ねぎ（小口切り）——2本
こしょう——小さじ½
サラダ油——大さじ4
ごま油——大さじ2
Ⓐ 水——80ml
　　塩——大さじ1
　　料理酒——大さじ1
　　生姜——½片
　　長ねぎ（青い部分）——適量
　　花椒（ホール）——15粒ほど
Ⓑ 水——50ml
　　塩——小さじ⅔
　　うま味調味料——小さじ⅔

作り方

① フライパンに湯を沸かし、鶏肉を入れ、5分ほど茹でる。火を止め、フタをし25〜30分蒸らす。

② 鶏肉に火が入ったら、氷水につける。

③ ボウルにⒶを入れ混ぜ、2の鶏肉を入れラップをし、冷蔵庫で30分ほど置く。

④ 別のボウルに長ねぎとにんにく、生姜、小ねぎ、こしょうを入れ、混ぜる。

⑤ 別のボウルにⒷを入れ、混ぜ合わせる。

⑥ 3の鶏肉を食べやすい大きさに切り、器に盛り、5をかける。

⑦ 6に4をかける。

⑧ フライパンにサラダ油とごま油を入れ熱し、7にかける。

Point
鶏肉を氷水に浸けることで、旨みをギュッと凝縮することができます。

中華的豚しゃぶ 雲白肉

ウンパイロウ

作り置きの甜醤油（テンジャンユ）があれば、豚肉を茹でるだけで完成してしまう簡単料理。このレシピでは甜醤油が余るので、余った分は捨てずに、冷蔵庫で保管しておきましょう。

材料（2人分）

豚バラ肉（スライス・半分に切る）
　　——200g
きゅうり——1本
にんにく（すりおろし）——小さじ1
ラー油——適量
Ⓐ 醤油——150ml
　 砂糖——150g
　 料理酒——50ml
　 長ねぎ（青い部分）
　　——1/5本
　 生姜（薄切り）——1片
　 八角——2個

作り方

① フライパンにⒶを入れ混ぜ、煮詰める。

② ある程度とろみが付いたら、長ねぎと生姜、八角を取り除き、器にあける（甜醤油）。

③ きゅうりをピーラーで削ぎ、氷水にさらす。

④ 甜醤油（100ml）とにんにくを混ぜる。

⑤ フライパンに湯を沸かし、豚肉を入れ、火が通ったら水けを切り、器に並べる。

⑥ 4とお好みでラー油をかけ、水けを切った3を中心に盛りつける。

②

⑤

フライパンすら使わない サラダチキンでよだれ鶏

コンビニなどで売っているサラダチキンを使えば、火を使わずに、パパッと作ることができます。パクチーやカシューナッツはなくてもできますが、食感や風味を豊かにするためには、なくてはならない存在。

材料（2人分）

サラダチキン（一口大に切る）
　　——2枚
マッシュルーム（薄切り）——2個
長ねぎ（粗みじん切り）——⅛本
パプリカ（粗みじん切り）
　　——⅛個
白ごま（あればで可）——小さじ1
カシューナッツ（あればで可・
　粗めに砕く）—— 10粒
パクチー（あればで可）——適量
Ⓐ┌ 料理酒——小さじ1
　│ 黒酢——大さじ1と½
　│ 酢——小さじ½
　│ 砂糖——大さじ1
　│ 一味唐辛子——小さじ1
　└ 醤油——大さじ3
Ⓑ┌ ラー油——大さじ2と½
　└ サラダ油——大さじ1

作り方

①　ボウルにⒶとⒷをそれぞれ混ぜ合わせる。

②　マッシュルームを器に盛り、その上にサラダチキンをのせる。

③　②にⒶをかけ、そのまわりにⒷをかける。

④　ごまとカシューナッツ、長ねぎ、パプリカを散らし、お好みでパクチーをのせる。

Point

パクチーが苦手な人はベビーリーフでも代用できます。青菜もタレに絡めて食べましょう。

②

97

飯・麺
fàn　miàn

甘
いもの
tián de dōngxī

1品でおなかいっぱいになるご飯もの。炒飯はシンプルなものから、ひと工夫あるものまでたくさんの種類を掲載してみました。麺ものも個性あるレシピをご用意しています。甘いものは、中国のお母さんの味。優しい味付けに癒やされます。

王道の炒飯

いわゆるパラパラ系ではなく、しっとり系に近い食感を理想としています。口の中でフワッと広がる感じ。その秘訣は水分と油分のバランスです。火加減は、つけたり消したりして調整しながら作りましょう。

材料（2人分）

白飯——300g
卵（溶いておく）——2個
長ねぎ——1/6本
ハム（厚切り）——100g
塩——小さじ1

醤油——小さじ2/3
こしょう——少々
ごま油——少々
水、サラダ油——各適量

Point

工程7では霧吹きを使って、水を少しずつ足しています。油も少量ずつ足して、自分の好みのしっとり加減に仕上げてください。

作り方

① 長ねぎは小口切り、ハムは角切りにする。

② フライパンにサラダ油を入れ、強火で熱し、1を入れ炒め、香りと焼き色が付いたら取り置く。

③ フライパンにサラダ油を入れ、強火で熱し、フライパンの片側で卵を軽く炒める。

④ 卵が半熟状になったら、白飯を加え炒め合わせる。

⑤ 塩を加え、混ぜ合わせる。

⑥ 醤油とこしょうを加え、全体が黄色くなるように炒め合わせる。

⑦ 水分が飛び、パサパサにならないよう、水とサラダ油を少しずつ加えながら、炒める。

⑧ 2を戻し入れ、炒め合わせ、ごま油を加え、サッと炒める。

材料（2人分）

白飯——300g
コンビーフ——2缶（160g）
卵（溶いておく）——2個
長ねぎ（小口切り）——⅙本
塩——小さじ½
サラダ油——適量

作り方

① フライパンにサラダ油を入れ、強火で熱し、卵を入れ軽く炒める。

② 半熟状になったら、白飯を加え軽く炒め、塩と長ねぎを加える。

③ 白飯がほぐれるようになったら、コンビーフを加え、全体をほぐすように炒める。

④ 全体にコンビーフが混ざったら、器に盛る。

こってりコンビーフ炒飯

コンビーフをふんだんに入れたこの炒飯は、最後に口の中に残るのが油というビール片手がデフォルトな炒飯です。

シンプルにんじん炒飯

こしょうを多めに振って、ご飯粒にコーティングされた油の心地よさと、にんじんの甘み、そして食感を堪能してください。

材料(2人分)

白飯——300g
にんじん(粗みじん切り)——⅓本
塩——小さじ⅔
うま味調味料——小さじ⅔
こしょう——小さじ½
サラダ油——適量

作り方

① フライパンを強火で熱し、サラダ油を入れ、にんじんを入れ軽く炒めたら、白飯を加え軽くほぐし、塩とうま味調味料、こしょうを加え炒める。

② 味が全体に回ったら器に盛る。

材料（2人分）

白飯──300g
ほうれん草（ざく切り）──½束
卵（溶いておく）──2個
塩──小さじ⅓
マヨネーズ──大さじ2と½
サラダ油──適量

作り方

① フライパンにサラダ油を入れ、強火で熱し、卵を入れ軽く炒める。

② 半熟状になったら、白飯を加え軽く炒め、塩とマヨネーズを入れ、ほぐすように炒める。

③ 白飯の白いところがなくなり、味が全体に回ったら、ほうれん草を入れ、混ぜるように炒める。

油との相性抜群の卵と、これまた相性ぴったりのほうれん草。
マヨネーズを入れることによってしっとり仕上がります。

マヨネーズ入りほうれん草炒飯

カニ風あんかけ白雪炒飯

少し手の込んだ炒飯を作りたいときはあんかけに限ります。
最後にあんをかけるから、少し冷めていても大丈夫!

材料(2人分)

白飯——250g
長ねぎ(小口切り)——⅙本
卵(黄身と卵白に分ける)——3個
かにかまぼこ——6本
水——500ml
水溶き片栗粉(水2:粉1)——大さじ3
サラダ油——適量
Ⓐ 塩——小さじ½
　 醤油——小さじ⅓
　 こしょう——少々
　 うま味調味料——小さじ⅓
Ⓑ 鶏ガラスープの素——小さじ2
　 塩——小さじ½
　 料理酒——大さじ1
　 こしょう——少々

作り方

① ボウルに黄身と白飯とⒶを入れ混ぜ合わせる。

② フライパンを強火で熱し、サラダ油を入れ、1と長ねぎを入れ炒める。

③ 全体が混ざり、ほぐれたら器に盛る。

④ フライパンに水を沸かし、Ⓑを入れ混ぜる。

⑤ 沸騰したら、水溶き片栗粉でとろみを付け、かにかまぼこを入れる。

⑥ 5に卵白を少しずつ加えながら、ゆっくりと混ぜ合わせる。このとき、かにかまぼこがくずれないように注意する。

⑦ 卵白がかたまったら、3の上にかける。

優しい中華粥

中華粥はお米をスープで炊く料理です。お米本来の味をシンプルに楽しむ日本のお粥とは違い、粘りが少なく米の甘味も弱いのが特徴です。だからこそさまざまな具材やトッピングと合わせて楽しむことができます。

材料（2人分）

米——1合
鶏ガラスープの素——大さじ1
水——1500ml
生姜（すりおろし）——小さじ1
塩——適量
ごま油——小さじ1
小ねぎ（小口切り）、
　　干し海老——各適量

作り方

1. フライパンにごま油を入れ、中火で熱し、研いだ米と生姜を入れ、炒める。

2. 米に透明感がでたら、水と鶏ガラスープの素を加える。

3. ときどき混ぜながら、米がおどる位の火加減にし、1〜2時間煮込む。

4. 米粒が割れて、好みのとろみが付いたら、塩で調味し、器に盛って小ねぎと干し海老をのせる。

なめ茸粥

材料（2人分）

お粥（P.106参照 ※小ねぎ、
　干し海老は除く）——250g
なめ茸——50g
一味唐辛子——少々

作り方

器にお粥を入れ、中央になめ茸
をのせ、まわりに一味唐辛子を
散らす。

ほたて粥

材料（2人分）

お粥（P.106参照 ※小ねぎ、
　干し海老は除く）——250g
ほたて（缶詰・汁けをきる）——30g
こしょう、黒こしょう、ごま油——各少々

作り方

器にお粥を入れ、ほたてを散ら
し、こしょうと黒こしょうをかけ、
ごま油を垂らす。

ピリリと辛い 麻辣うどん

高菜の風味が心地よく、肉そぼろに絡むラー（辛み）とマー（痺れ）の
コンビネーション。うどんは、先に温めておくと、フライパンに入れたとき
にすぐにほぐれるので、時短になります。

材料（2人分）

ゆでうどん——1袋
豚ひき肉——100g
高菜（漬けもの・みじん切り）
　　——50g
たけのこ（水煮・みじん切り）
　　——50g
長ねぎ（白い部分・みじん切り）
　　——⅛本
ブロッコリースプラウト——適量
唐辛子（輪切り）——適量
ラー油、花椒（粉）、サラダ油
　　——各適量
Ⓐ 醤油——大さじ1
　 黒酢——大さじ½
　 砂糖——小さじ½
　 水——大さじ5

作り方

① うどんは袋に穴をあけ、電子レンジ（500W）で、2分ほど温める。

② フライパンにサラダ油を入れ、強火で熱し、ひき肉を入れ、油が澄んで透明になりパラパラになるまで炒める。

③ 唐辛子を加え炒め、高菜とたけのこを加え、さらに炒める。

④ 3にⒶを加え、沸いたら、1を加え混ぜる。

⑤ 全体が混ざり、汁けがなくなったら、器に盛り、お好みでラー油をかけ、長ねぎと花椒をちらし、ブロッコリースプラウトをのせる。

④

さっぱり！すっきり！冷やし豆乳担々麺

中国四川省の名物のひとつ、担々麺の名前の由来は、その昔、天秤棒（てんびんぼう）で担いで売っていたことに始まります。豆乳の爽やかなコクとトマトの酸味がマッチした、冷やし担々麺。暑い夏の食卓でどうぞ。

材料（1人分）

中華麺——1玉
豚ひき肉——80g
きゅうり（さいの目切り）——½本
トマト（さいの目切り）——½個
ザーサイ（高菜でも可・みじん切り）
　　——20g
ラー油——適量
Ⓐ 醤油——小さじ1
　 料理酒——小さじ1
豆乳（無調整）——200ml
水——50ml
すりごま——大さじ2
白みそ——小さじ2
鶏ガラスープの素——小さじ1
醤油——小さじ1
ごま油——小さじ2
サラダ油——適量

Point

きゅうりとトマトは同じ大きさになるように切ると、盛り付けがきれいに仕上がります。

作り方

1. 器にすりごまとごま油を入れ、よく混ぜる。

2. 水と白みそを加え、よく混ぜる。

3. 白みそが溶けたら鶏ガラスープの素と豆乳、醤油を加え混ぜ合わせ、30分ほど冷蔵庫で冷やす。

4. フライパンにサラダ油を入れ、強火で熱し、ひき肉を入れ、油が澄んで透明になりパラパラになるまで炒める。

5. Ⓐとザーサイを加え、ひき肉に味を染み込ませるように炒めたら、取り置く。

6. フライパンに湯を沸かし、中華麺を袋の表示通りに茹でる。

7. 流水で洗い、しっかり水けを切る。

8. 3に7を入れ、きゅうりとトマト、5をのせ、ラー油をたらす。

2

中華麺で作るペペロンチーノは、簡単にできるのでおすすめ。煮詰めて乳化させたら完成です。唐辛子は焦げると苦みが出てくるので、色がついたらすぐ次の工程に進みましょう。

材料（2人分）

中華麺——1玉
にんにく（薄切り）——10片
パセリ（みじん切り）——⅓束
唐辛子——20本
ラード（オリーブオイルでも可）
　　——大さじ2
オリーブオイル——大さじ2
塩——小さじ⅔
水——400〜500ml（煮詰まり具合を見ながら調整）
鶏ガラスープの素——小さじ1

作り方

① フライパンにラードとオリーブオイルを入れ、弱火で熱し、唐辛子（10本）とにんにく、パセリを入れ、香りが出るまで炒める。

② 水と鶏ガラスープの素、塩、残りの唐辛子、中華麺をほぐしながら加え、強火にする。

③ 全体を軽く混ぜながら、水分がなくなるまで煮詰める。

Point

ラードがない場合は、オリーブオイルは合計で大さじ4になります。

痺れる炸醤焼きそば（ザージャン）

炸醤とは中華的肉そぼろのこと。ソース焼きそばではなく、ちょっと変わった焼きそばが食べたいときにおすすめな一品。一度焼きそばをこんがりと炒めることで、パリッとした食感が楽しめます。

材料（2人分）

焼きそば——2袋（約300g）
豚ひき肉——50g
長ねぎ（粗みじん切り）
　　——⅙本
ごま油——小さじ2
こしょう——少々
花椒（パウダー）、サラダ油
　　——各適量
Ⓐ にんにく（すりおろし）
　　　——小さじ⅔
　　生姜（すりおろし）
　　　——小さじ⅔
　　豆板醤——小さじ1と½
Ⓑ 水——90ml
　　料理酒——大さじ2
　　鶏ガラスープの素
　　　——小さじ2
　　醤油——大さじ½

作り方

① 麺は袋に穴をあけ、レンジ（500W）で2分ほど温める。

② フライパンにサラダ油を入れ、強火で熱し、1をほぐしながら入れ、両面をこんがりと焼き、ザルにあけ、箸でほぐしておく。

③ フライパンにサラダ油を入れ、強火で熱し、ひき肉を入れ、油が澄んで透明になりパラパラになるまで炒める。

④ Ⓐを加え、香りが出るまで炒める。

⑤ Ⓑと2、長ねぎを加え、混ぜながら煮詰める。

⑥ 水分がなくなったら、こしょうを振り、ごま油をまわしかける。

⑦ 器に盛り、花椒を多めに振る。

Point

一度焼きそばをこんがりと炒めることで、パリッとした食感とふんわり柔らかな食感のコントラストを楽しむことができます。

材料（2人分）

豚モモ肉（薄切り）——50g
むき海老——4尾
イカ（一口大に切る）——4切れ
長ねぎ（白い部分・一口大に切る）——¼本
白菜（一口大に切る）——5枚
チンゲン菜（芯を取る）——6枚
唐辛子（輪切り）——大さじ⅔
うどん（乾麺・細麺・水で軽く洗う）
　　——2束（120g）
ラード（サラダ油でも可）——大さじ2
湯——1200ml
鶏ガラスープの素——小さじ2
塩——小さじ1

作り方

① 海老は背ワタを取り、塩と片栗粉（適量・分量外）で揉むように洗い、流水で洗い流す。

② フライパンにラードを入れ、強火で熱し、長ねぎと豚肉、唐辛子を入れ軽く炒める。

③ 湯と鶏ガラスープの素、塩を加える。

④ ひと煮立ちしたら、うどんをほぐしながら加える。

⑤ 1とイカ、白菜、チンゲン菜を入れて7～8分ほど煮込む。

Point

最後の煮込み時間は火加減によって変わります。白濁し、ほどよく乳化してきたら味見をして仕上げます。

簡単すぎる旨辛煮込みうどん

具材を放り込んで煮込むだけなのにこんなにウマいなんて。こんなに簡単にできる煮込みうどんは他にはありません。

甘〜いバナナ抜絲（バースー）

抜絲は、食材を揚げて飴がけした料理のことです。日本では大学芋が有名ですが、揚げずに生のバナナでも美味しく作れます。

材料（2人分）

バナナ——3本
水——120ml
砂糖——120g

Point

💡

バナナは固いもので作るのがおすすめです。

作り方

① バナナを食べやすい大きさに切る。

② フライパンに水と砂糖を入れ、沸騰したら弱火〜中火にする。

③ 沸いている水と砂糖の気泡がきめ細かくなり、気泡の色が白から少し茶色になったら火を止め、バナナを入れ絡める。

④ ボウルに氷水を入れ、3のバナナをくぐらせ、飴が固まってから器に盛る。

幻のスイーツ 三不粘 サンプーチャン

三不粘とは、「3つのくっつかない」という意味。それは、皿に付かない、箸に付かない、歯に付かない、ということ。本場中国ですら北京のレストラン一店舗でしか提供していないという、幻のスイーツ。

材料（2人分）

卵黄——3個分
砂糖——65g
片栗粉——50g
水——140ml
サラダ油——適量

作り方

1. ボウルに片栗粉と砂糖、水を入れ混ぜる。

2. 卵黄を加え、さらに混ぜ、ザルでこす。

3. フライパンにサラダ油を入れ、中火で熱し、2を入れ、混ぜながら、固まってきたら、お玉でたたき続ける（途中で油を数回足す）。

4. 生地がまとまり、つやが出たら、器に盛る。

Point

3の工程では、お玉の腹でたたくように生地をまとめていきます。

材料

（パウンドケーキ型（17.5㎝）1個分）

卵──2個
砂糖──60g
牛乳──45ml
サラダ油──45ml
薄力粉──90g
ベーキングパウダー──小さじ1
バニラエッセンス──少々

作り方

① ボウルに卵と砂糖を入れ、砂糖の形がなくなるまで、混ぜる。

② 1に牛乳とサラダ油を加え、混ぜる。

③ 薄力粉とベーキングパウダーをざるでこしながら入れ、ダマがなくなるまで混ぜる。

④ お好みでバニラエッセンスを入れ混ぜ、型に流し入れる。

⑤ 深めのフライパンに、型の半分が浸かるぐらいの水を入れ沸かし、4を入れフタをし、弱火～中火で30分ほど蒸す。

⑥ 竹串を刺し、生地がくっついてこないことを確認してから、切り分けて器に盛る。

中華的蒸しケーキ馬拉糕（マーライコー）

香港飲茶に欠かせない中国蒸しカステラの馬拉糕。型に生地を入れる前に油を塗っておくとあとで取り出しやすくなります。

中華一筋ってどんな人？ 後編

——YouTubeを始めたときのことを聞かせてください
年末のものすごく忙しい時期に、チーフがいきなり「今日から俺はYouTuberになった」って言ってきたんですよ。

——突然だったんですね
とにかくチーフは飽き性で新しいものが好きなので、いきなり新たな何かを始めるってことはそんなに珍しくないんですけど、さすがにこの時は「は？」ってなりましたね（笑）。全スタッフが猫の手も借りたいくらい忙しくてバタバタしているときに、一人だけ目をキラキラさせて、いろんなスタッフにYouTuber宣言しているんですよ。

——すごい空気になりそうですね（笑）
うわぁ、なんかめんどくさいこと始まったなと思って振り返ったら、イチナベさんも目をキラキラさせながら挙手していました（笑）。これが本当に一番最初の始まりですね。最初は少人数で始めたYouTubeですが、日に日に参加メンバーが増えていって、今となっては店全体の業務になっているような気がします。動画ではイチナベさんとチーフが主体ですが、実は見えないところでみんなの協力があって成り立っているんです。収益の分配もありますし、今となっては、あの時めんどくさいとか思ってごめんね！って気持ちです。

——とてもバズっている動画がありますよね？
炒飯のやつですよね？ あの動画の撮影の前日、チーフとイチナベさんは、2人で飲みに行って何軒もハシゴして、次の日2人とも二日酔いだったので、

お腹がいっぱいになっても食べ続けてしまうあんかけチャーハン。　Fried rice with...
8:31

過去イチの手抜き動画をアップしたんですよ。それが今や1200万回再生（※2023年4月現在）のバズり動画になったという……。「スマホの画面すら見たくない」とか言って、あの動画編集もしていないですからね（笑）。何がバズるかはわからないものですね。なんなら毎日二日酔いで撮影すれば、毎日バズるんですかね。

——この本を作るときのお2人って、どんな感じでした？
まずはじめに、私は反対したんですよ。だって、お店のレシピがそのまま出ているものもあるから、こんなことして！って思ったんです。

——だけど、結局出版に踏み切った？
チーフとイチナベさんがやる気になったので（笑）。もうこうなったら止められませんから。いつもは、中華に特化した道具を使って、料理を提供しているので、最初は慣れないことを任されて、とても苦労していましたね。だけど、最後は納得のレシピを出せたんだと思います。だって、全部おいしいし。家庭でもこれが作れるって知られちゃったらお店が心配ですけど、読者のみなさんが作って喜んでくれたら、私も嬉しいです。

——火力が強くなくても作れるって、証明されたんですね
考え方によってはそうですね。中華料理屋さんが、中華鍋を使って、高火力で仕上げているのには理由がありますから。ただ、家庭の火力でもおいしい中華を作れるってことはわかりましたよね。本人たちですら、びっくりしていたくらいだから。普通に作れるじゃんって。

——この本の随所にあるコツは、お店でも使っているコツなんですか？
そういうものも、もちろんあります。ただ、プロのコツが全部家庭で通用するか、というジレンマを感じていたみたいです。だって、プロでもやるのが難しいコツは、家庭ではなかなか真似できないでしょ？ だから、家庭でやることを前提にコツは考えていましたね。

——マネユカさんって、お二人のことなんでも知っているんですね。ところで中華一筋の中で、マネユカさんの立ち位置ってなんですか？
ん〜。総監督ですかね？（笑）

マネユカ
チーフとイチナベさんを陰ながら支え、中華一筋のマネージャー的役割を担う。時々動画にも登場し、抜き打ちに味をチェック。「ん〜ふ〜」がでれば合格。

材料別INDEX

加工品

野菜・果物・加工品

野菜

卵・皮・ナッツ

おわりに

最後までご覧いただきありがとうございます。

前回、出版した『中華一筋のべっぴん絶品料理』では、文章の飯テロという
コンセプトで、読者に料理を作ってもらうことをあまり想定はしていませんでし
た。しかし、2作目の本書は、お家で作るためのレシピ本として、素晴らしい
料理写真と、ポイントをおさえたていねいな解説、細かなコツなど、より読者
に寄り添った内容に仕上がりました。

ぜひ、本書のレシピで、一度とは言わず、何度も何度も料理を作っていただ
きたいと思います。きっと作る度に、違う美味しさが味わえるという楽しみが生
まれるはずです。

という自画自賛をしつつ、今思うことは、現場での真剣な撮影クルーの方々の
仕事ぶりと、楽しいひと時、担当編集者やカメラマンの方との大切な出会い。
そして何よりも、寝る間を惜しんで細かなレシピを書き続けたイチナベさんとい
う信頼できる仲間の尊さ。

やはり結局のところ「人」なんだなと思っています。

この本を手に取って料理を作る皆様も、料理を食べて喜んでくれる人を想い
ながら作ることが、本当に美味しい炒めものを作る上での、一番最高のレシ
ピなのかもしれません。

中華一筋（チーフ / 鈴木邦彦）

126

PROFILE

中華一筋（ちゅうかひとすじ）

中華調理師一筋ウン十年、厚生労働省が認可する国家資格「中国料理専門調理師・調理技能士」を有するチーフ（鈴木邦彦）とイチナベ（須藤江史）含む数名のプロの料理集団。北海道に構える知られざる店は、ときに列をなすほどの評判。「中華一筋」として、鮮やかな包丁さばきや調理光景など、視覚的にも楽しめる中華料理の動画をYouTubeに投稿する。

YouTube　中華一筋
Twitter　@Chinesedevoted

フライパンひとつで作る
本当に美味しい炒めもの
揚げ・煮る・蒸しまで簡単1品おかず

2023年4月20日　初版発行

著　者	中華一筋（ちゅうかひとすじ）
発行者	山下　直久
発　行	株式会社KADOKAWA
	〒102-8177　東京都千代田区富士見2-13-3
	電話0570-002-301（ナビダイヤル）
印刷所	凸版印刷株式会社
製本所	凸版印刷株式会社